Johann Wilhelm Ludwig Gleim

Gedichte nach Walter von der Vogelweide

Johann Wilhelm Ludwig Gleim

Gedichte nach Walter von der Vogelweide

ISBN/EAN: 9783743435377

Hergestellt in Europa, USA, Kanada, Australien, Japan

Cover: Foto ©Thomas Meinert / pixelio.de

Weitere Bücher finden Sie auf **www.hansebooks.com**

Gedichte

nach

Walter von der Vogelweide.

―――――――――

1779.

Dem

Vater Bodmer

gewidmet.

Walter von der Vogelweide hatte seinen
Namen von seinem Geburts-Schloß
in obern Thurgau. Bodmer sagt von ihm:
Er sey von Vogelweide, noch als Jüngling,
ins Oesterreichische gegangen, und hätte zuerst
im Oeßerreichischen singen gelernt; sein Leben
sey eine beständige Wanderschaft von einem Hofe zum andern gewesen; er habe schon vortref-
lich gesungen, als Philipp nur erst römischer
König gewesen sey; er hätte, die Milde dieses
Kaysers zu rühmen, nicht Ursache gehabt; er
hätte dem Otto von Sachsen, welcher gegen
Phi-

Philipp aufgestanden sey, geraume Zeit die Aufwartung gemacht, und schöne Verheissungen von ihm erhalten; er sey, am Hofe des Landgrafen Hermanns von Thüringen gewesen, als dieser Hermann von Thüringen, dem Otto von Sachsen, gegen den Kayser Philipp, Beystand geleistet, hätte, nach erlittener Niederlage, dem Hermann von Thüringen, bey dem Kayser das Wort geredet; hätte, was Philipp, und Otto, Liebes und Gutes ihm verheissen, von Friedrich dem andern empfangen; sein mildester Gönner sey gewesen Lüpolt von Oesterreich; Von diesem, und seinem Sohne Friedrich, hätte Walter kostbare Geschenke bekommen, an Gold, Silber, Kleidern, und Pferden; der Wienische Hof sey damalen die Schule des muntern, und artigen Lebens gewesen; nach Absterben Lüpolts von Oesterreich hätte dieser Hof ein andres Ansehen bekommen; Friedrich hätte seinen Leidenschaften gefrönet, hätte Land und Leute regieret mit

mit Gewalt; Walter von der Vogelweide wäre, zu dieser bösen Zeit, am Hofe von Kernthen wohl gelitten gewesen; er hätte vom Herzog Ulrich ein beträchtliches Geschenk erhalten sollen, nicht aber, erhalten; ein Diener des Herzogs hätte das Geschenk dem Dichter nicht eingehändigt; als der Dichter dem Herzog nicht gedanket, da wäre der Herzog beynah dem Dichter zornig geworden; es fänden sich Anzeigen, daß der Dichter grosse Reisen, nach Paris, nach Constantinopel, und weiter übers Meer, in Syrien, und Palestina gethan haben müsse; daß er die Gesellschaft geliebt, einsam nicht gern gewesen; mit dem Herzog Lupolt hätt' er auf die Hetze reiten sollen, hätt's aber verbeten, weil er solch einem grausamen Vergnügen nicht beywohnen mögen; Lieber, sagte der Dichter zum Herzog, zög' ich mit Eur Durchl. in den Krieg, und schlüge den Feind;

Wäre, sagt Bodmer, Dieter von Cazeneln-bogen dieser Bogener, auf welchen unser Walter ein Loblied gesungen hat, so kan der Lobliebsänger im Jahr 1250. noch am Leben gewesen seyn; gestorben ist er indeß, vermuthlich, in seinem Vaterlande; denn er kam, in seinem höchsten Alter, nach Vogelweide zurück, und brachte nur, einen berühmten Namen, und erweiterte Kenntnisse, mit sich zurück; hätte gern sein wanderndes Leben, gegen seinen beständigen Rittersitz, ehender vertauscht, wenn die deutschen Fürsten ihm etwas mehr, als nur gnädig, gewesen wären; den Marggrafen Heinrich von Misen, oder von Meissen, hat er am meisten gepriesen; dieser Marggraf, selbst ein Dichter, erwiederte des Dichters Lobgesang; Volcnant, und Stoll beneideten unsern Walter von der Vogelweide; jener, ein Stümper, welcher meinte, daß er besser sänge, wurde verachtet, dieser, berühmt, durch niedrige Liebeslieder,

der, wurde gelesen, und Walter vergessen; Reinmar der alte war, zu seiner Zeit, der beste Nebenbuhler; über dieses Reinmars Absterben betrübte Walter sich sehr —

Von Walters Talenten sagt Bodmer: "Er "hatte die Schreibarten alle vollkommen in sei= "ner Gewalt; er erhob sich, blieb im Mittel, "stieg hinunter, wie's die Sachen erfoderten; "er klagte Liebesklagen, lobte, tadelte, lehrte; "die Artigkeit in seinen verliebten Liedern ent= "steht bey ihm so leicht aus einem witzigen Ein= "fall, als aus einer zärtlichen Empfindung; "man erkennt überall in seinen Gedichten, den "Weisen, der die Welt gesehen, und den Dich= "ter, der mit den Fürsten gelebt hat —

Alles dieses sagt Bodmer, dieser verehrungs= würdige Schweitzer, dessen grosses Verdienst um das goldne Zeitalter unsrer Sprache, wir gleichgültige Deutschen nicht erkannt, dessen

Aufforderung zum Nachsuchen, in unsern Alterthümern, wir nicht gehört, dessen Liebe zu den Deutschen Musen wir nicht erwiedert haben.

Möchte der Verfasser dieser wenigen Nachahmungen, die wärmern Deutschen bewegen, in dieser Goldgrube zu graben, in welcher so viele vortrefliche Schätze, grosser, edler, schöner Gedanken unsrer alten Dichter, leider im Verborgnen immer noch liegen!

Ge=

Gedichte

nach

Walter von der Vogelweide.

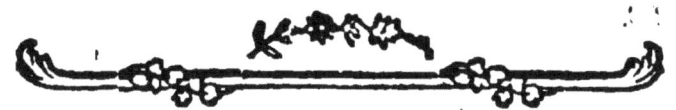

1.
An die deutschen Frauen.
Erster Th. S. 119.

Deutschen Frauen will ich singen,
 Und von solchen werthen Dingen,
Daß sie desto mehr
Aller Welt behagen sollen,
Wenn sie mir Gehör
Nicht versagen wollen!

Deutschen Frauen will ich singen,
Reichen Lohn dafür zu dingen,
 Sind sie mir zu hehr! *)
Ihren Feinden zum Verdrießen,
Bitt' ich um nichts mehr,
Als, daß sie mich grüßen!

*) Zu heilig.

2.

Der schöne Traum.
Erster Th. S. 109.

Als der Sommer angekommen war,
Und die Blumen, Schaar bey Schaar,
Durch das Gras entsprangen,
Und die Vöglein, Schaar bey Schaar,
In dem Walde sangen,
Da bin ich gegangen,
Ueber einen langen
Grünen Anger, wo ein kühler Quell entsprang;
Durch den Anger ging sein Gang,
Unter Nachtigall = Gesang!

Auf dem Anger stand ein Baum,
Und da träumte mir ein Traum!

Hingegangen, an den kühlen Quell,
Zwischen Blumen, spiegelhell,
Daß der Strahl der Sonne,
Meine Sommer = Wonne,
Mir nicht tödte, bin ich zu dem Baum,
Und da träumte mir der Traum!

Aller Sorgen war ich los,
Saß auf eines Engels Schooß,
Alle Länder dienten mir;
Selig schon auf Erden hier,
Dünkte mich, als ob
In dem Himmel, ohne Schwere,
Meine Seele wäre,
Dünkte mich, als ob

Aller Himmel Geister = Heere,
Sángen ihre Freuden,
Sángen Lob, und Preis und Ehr',
Ueber meine Himmels = Wiederkehr!
Gott mag es bescheiden;
Solchen Traum, traum' ich nicht mehr!

3.
Die Erinnerung.
Erster Th. S. 113.

Unter'n Linden,
 Wo sie mir zur Seite saß,
Könnt ihr finden,
Blumen und gebrochnes Gras,
Vor dem Walde, Dal de Dall,
Schön sang uns die Nachtigall!

4.
Die Wunder = Reise.
Erster Th. S. 112.

Ich war, durch Wunder, ausgefahren,
In unser deutsches Vaterland;
Da fand ich viel der Wunderdinge, fand,
Daß alle Stühle ledig waren,
Auf welchen Alter, und Verstand,
Und Adel, sonst beysammen saßen,
In einem schwesterlichem Ringe, fand,
Auf einer unsrer Landes = Straßen
Die drey Geschwister irrend nun,
Und wolten sich, verkümmert, Leides thun.
Der dumme Reiche sitzt auf ihren dreyen Stühlen
An ihrer Stelle stolz, und fodert unsern Gruß!
O weh, daß man dem Einen neigen muß,
O weh, daß wir's nicht tief in unsern Herzen fühlen,
Daß Recht und Zucht und Schaam,
Sonst ihre liebliche Gespielen,
Krank sind, durch ihren Gram!

5.

Die Klage.
Erſter Theil Seite 115.

Die Männer ſehn, o Weh! o Weh!
Nicht mehr zu ihren lieben Frauen,
So frölich auf, als wie wohl eh,
Ich ſeh ſo viele nieder ſchauen!

So viele ſehn, wie halb verzagt,
Mit ſauerſehenden Geſichtern,
Auf Weib und Kind! hier iſt geklagt,
Ihr meine Lieben, wer ſoll richten?

6.
Der deutsche Mann.

Ein deutscher Mann zu seyn ist Ehre,
    Gottlob, ich bin ein deutscher Mann!
Ich grämte mich, wenn ich's nicht wäre,
Säh' neidisch deutsche Männer an!
Der deutsche Mann birgt seine Seele,
Wie Löw und Luchs, in eine Höle,
Vor Forschern und Belauschern, nicht,
Er trägt sie offen im Gesicht!

Der deutsche Mann ist wohlgezogen,
Und wohlgethan das deutsche Weib!
Wer's anders weiß, der ward betrogen,
Dem sing' ich: Du Betrogner bleib!
Du deines Vaterlandes Schande,
Bleib nicht in deinem Vaterlande,
Das dir kein Obdach geben kan;
Geh aus, und werd' ein fremder Mann!

In vielen Ländern, viel gesehen
Hab' ich, bis weit in Asia!
Den Reisenden muß ich gestehen,
Daß ich das Beßre nirgend sah!
Die deutsche Zucht hat mir vor allen
Den fremden Sitten, wohlgefallen,
Und das ist meiner Reisen Frucht,
Daß mir gefiel die deutsche Zucht!

In Ungarn fand ich schöne Leiber,
Und schöne Seelen an dem Rhein!
Und an der Elbe, gute Weiber,
Und gute Herzen an dem Mayn!
Die Weiber sind, könnt Waltern trauen!
Weit schöner hier, als dort die Frauen!
Der Schönen hab' ich viel gesehn,
Doch, ohne Schminke, keine schön!

Wer Tugend sucht, und keusche Liebe,
Der komm in unser deutsches Land!
Sein fremdes Auge, nicht zu trübe,
Sieht er sie gehen, Hand in Hand,
Mit Engelieblichen Gebärden,
Und wünscht, ein deutscher Mann zu werden,
Und hört erschallen, himmelan:
Gottlob! ich bin ein deutscher Mann!

7.
Ein patriotischer Seufzer.
Erster Th. S. 103.

O Weh, o Weh, in deutschen Landen
Wer Haufen Silbers, oder Gold
Nicht hat, dem sind, zu seinen Schanden,
Nicht Männer, und nicht Weiber hold.

Der mag von Muth, und Tugend starren,
Er ist, als wie von seinem Gott,
Verlassen, ist ein Spott der Narren,
Und fast der Weisen Spott!

8.
Rede der Tugend an die deutschen Fürsten.
Erster Th. S. 132.

Euch Fürsten red' ich an, hört mich, mit reiner Güte!
Seyd gegen Freunde sanft, tragt euer Hoch-Gemüthe
Nur gegen euren Feind, stärkt's Recht, verdankt die Ehren,
Daß mancher Mensch, sein Gut und seine Sinne, kehren
Zu eurem Dienste muß, dem Gott, der euch zuletzt,
Da längst der Mensch schon war, hat oben angesetzt.
Und laßt, auf eurem Thron, euch stets in Würde schauen,
Dann, Fürsten, loben euch die reinen süssen Frauen,
Und, hier auf Erden schon, erwerbt ihr selber Euch
Daß beßre Fürstenthum, im grossen Geisterreich.

9. Ueber

9.
Ueber sein langes Leben.
Erster Th. S. 141.

Ich seh, in Gottes Welt, mich um,
    Und sehe — — Fromme weggenommen,
Und sehe — — Heuchler statt der Frommen,
Und sehe — — Kindeskinder dumm!

Und sehe — — Freunde träg', und kalt,
Die's nicht vor dreyßig Lenzen waren,
Und sehe — — Weiber o, bey Schaaren!
In eckelhafter Mißgestalt.

Will Gott in seiner Gottes-Welt,
Mich, ach! mit langem Leben strafen?
O Traum! möcht' einer wieder schlafen,
Der solchen Traum geträumet hat?

10.
Das Andenken.
Erster Th. S. 122.

Auf diesem Klee hat sie gesessen,
   Und meine Laute mir gestimmt!
O Gott, wie könnt' ich sie vergessen!
Die mir so viel Gedanken nimmt!

Auf diesem Klee hat sie gesessen,
   Und einen Apfel mir geschält,
O Gott, wie könnt' ich sie vergessen!
Die mir auf allen Auen fehlt!

Auf diesem Klee hat sie gesessen,
   Und ihre Liebe mir geküßt!
O Gott, wie könnt' ich sie vergessen!
Die mir so gut gewesen ist!

II.
Die alte Crone.
Erster Th. S. 127.

Die Crone dort viel älter ist
    Als König Philipp! Seht, ach! seht
Ein grosses Wunder dieser Frist,
Der Schmid hat Ihro Majestät
Sie recht gemacht. Sie paßt, sie paßt,
Ihr Kinder, hättet ihr's geglaubt,
Die wunderschöne goldne Last,
Sie paßt aufs königliche Haupt;
Und ziemt demselben also wohl,
Daß sie kein andres tragen soll.

Wie freundlich lachen Edelstein
Und Gold, und Perl' einander an!
Sie bilden wohl was rechts sich ein,
Auf ihren süssen jungen Mann!

Du

Du, Crone, daß du doch so sehr
Der Fürstin Augenweide bist!
Begaffen mag dich jeder, wer
Nicht Kayser, und nicht König ist!

Und hat er's endlich satt gethan,
Dann sag ich: Seht, ihr Lieben, seht!
Der ist's, dem da der weise Mann,
So recht auf seinem Nacken steht.

12.
An den König Philipp.
Erster Th. S. 127.

Sieh, König Philipp, sieh dich um!
   Die nahen Späher zupfen dich!
Sie zupfen dich; warum? warum?
Sie wollen sagen, dünket mich:
" Behalt du deine tausend Pfund,
" Du König, nicht der Sitte kund
" Mit Gaben, Herzen anzuziehn!
" Mach's wie der milde Saladin.
" Und gib uns lieber hundert Pfund,
" Mit schönem Dank für Wettgesang,
" Für Pauken, oder Glockenklang,
" Für Schild und Helm, und Lanz, und Speer,
" In Sprüchen, oder wie es wär,
" Als Hunderttausend, ohne Dank!

13.
An Walter von der Vogelweide.
Erster Th. S. 140.

Walter von der Vogelweide!
  Guter Walter, welch' ein Schmerz!
Hülfe such' ich, Adelheide,
Meine Liebe, meine Freude,
Suchend schon im frühen März
Blumen auf der lichten Heide,
Sang, zum Aergerniß dem Neide,
Meine Lieder, meinen Scherz;
Und, zu meinem bittern Leide,
Keine Liebe sich ins Herz!

14.
Die Kayserwahl.
Erster Th. S. 146.

Ah! wie doch so christlich da der Vater Pabst
itzt lacht!

Er spricht zu seinem Cämrer, spricht: "Ich hab's
schon recht gemacht,

"Hab' unter eine Crone dort zwey Allemannen bracht,

"Daß sie, so viel, so viel sie wollen,

"Das deutsche Reich zerrütten sollen!

"Mit unter mahlen sie zwar wohl in ihre Kasten;

"Allein, mein Stock *) ist hin, ihr Haab' und Gut
ist mein,

"Ihr deutsches Silber führt in meinen welschen
Schrein,

"Wir Welschen essen Hüner, trinken Wein,

"Die dummen Deutschen sollen fasten.

*) Der damahlen nach Deutschland abgesandte päbstliche Nuntius.

15.

Der Eremit an die Layen.
Erster Th. S. 133.

Ihr armen Layen ihr, die ihr noch Götzen ehret,
O, wenn ihr Ohren habt, so höret!

Hört, was der Pfaffen Werk, und ihre Lehre sey!
Welch Herz zu dieser Zeit zum Bösen sich nicht
kehret,
Seit dem Unglauben selbst der Vater Pabst uns
lehret,
Dem wohnt noch guter Geist, und Liebe Gottes bey!

Sie solten ihrer Lehren Bilder seyn,
Und sind, ach! leider insgemein
Die Gegenbilder ihrer Lehren!

Wir armen Layen sehn, und hören,
Ihr Unrecht würken, hören's sagen,
Ach, solten wir darüber nicht verzagen?

Nicht zu Gebet, in unsre Kammer gehn,
Nicht weinen, unsre Herzens Klagen,
Nicht Aenderung von unserm Gott erflehn?

16.
An die deutschen Fürsten, und die deutschen Bischöfe.

Erster Th. S. 133.

Ihr Fürsten, und, ihr edlen Pfaffen,
   Die Mantel, oder Mütze ziert;
Ihr, die der Vater Pabst, wie Lämmer, ihm erschaffen,
In deutschen Landen, irre führt!
Ihr, die ihr sagt, daß er Sanct Peters Schlüssel habe,
Sagt uns doch auch; Daß Er das Gold von Büchern schabe,
Die er für edle Gottes Gabe,
Zu theuer euch, und uns verkauft!
Wir wurden nicht darauf getauft!

Ihm hat der schwarze Höllen Mohr,
Ein Buch gegeben, unsre Seelen
Zu tödten; Seinen Cardinälen
Liß er daraus den neuen Glauben vor!

Und dieser Glaub', und diese neue Taufe,
Bringt uns, in neuen Spott, und Hohn;
Ihr Fürsten! — Unser Kayserthron,
Steht unter einer schlimmen Traufe!

17.
An den Misener.
Erster Th. S. 111.

Ein schönes Lied hat mir aus Franken
    Der stolze Misener *) gebracht,
Ich kan dafür nicht besser danken,
So wohl hat meiner er darin gedacht,
    Als daß ich, tief Ihm neige,
    Mich freue seines Sangs,
    Statt alles andern Danks,
Und seinen hohen Ehren schweige.

                    Hätt'

---

*) Marggrave Heinrich von Misen, der Erlauchtete; sein Vater war Dietrich von Misen, die Mutter Jutta, Landgrafen Herrmanns von Thüringen Tochter; Sein Vermählungs = Fest, mit Constantia, Friedrichs des zwenten von Oesterreich Schwester, wurde, im Maymonath, auf frenem Felde, nicht weit von Statts lau, mit grossem Pomp begangen. Er führte die prächtigste Hofhaltung, und stellte sehr oft fenerliche Turnier = Spiele an. Reinmar von Zweter sagt von ihm:

Des Misseneres *ist*, ist besser, danne sin
                was.

                      Der

Hätt' aber ich, was ihn erfreuen kan,
So gäb' ich es dem werthen Mann,
Der mir die hohen Ehren gann!

Der Tanhuſer hat, unter demſelben Namen, ihn gelobt:
> Heinrich der Miſſenere
> Der ſin truwe nie zerbrach,
> Der iſt alles Wandels lere,
> Er ſolte des riches krone tragen
> Der Vater mit den Kinden.

Und Chuonrat von Wurzburg lobt vornemlich ſeine Poeſie:
> Der Miſſener hat ſanges hort in ſines
>   herzen Schrine,
> Sin don ob allen reſen doenen vert in
>   eren Schine,
> Damit er bi rine die Singer legt in ſin
>   getwane
> In fuorten ubers leber mer der wilden
>   grifen zwene
> Da lerte in underwegen doene ſingen ein
>   Syrene
> Lebte noch Elene von Kriechen ſe ſeit
>   im ir dank.

Dieſe poetiſchen Ausdrücke ſcheinen zu ſagen, daß der Marggraf ein romanziſches Gedicht müſſe geſchrieben haben.

Gott woll' auch ihm die hohen Ehren
Des schönen Sangs, und seine Sinne mehren!
Zufliessen müß' ihm aller Fluß
Des besten Glücks, der besten Freuden,
Nichts Wildes müsse seinen Schuß
In fünf und zwanzig Herbsten meiden!
Ihn müsse seines Hundes rascher Lauf
Und seines Horns todvoller Ton erfreun!
Und springt vor ihm ein Eber auf,
So müß' ihm Lust in Aug' und Herzen seyn!

haben. Er erreichte ein hohes Alter. Albrecht, sein Sohn, vermählte sich mit des Kaysers Friedrich des andern Tochter. Graf Poppo der andre von Henneberg war sein Halbbruder, denn seine Mutter hatte sich zur andern Ehe mit Poppo dem Ersten von Henneberg vermählet. S. Proben der alten schwäbischen Poesie des dreyzehnten Jahrhunderts. Zürich 1748.

18.

An den König Philipp.
Erster Th. S. 113.

Ey! was machst mit Gut und Ehre
König Philipp? höre, höre!

Diese, welche hier
Deiner Kammerthür
Angekrochen kamen,
Gaben alle dir
Grosser Helden Namen!
Und verfärbten schier
All' und jede sich,
Ausgenommen mich.

König, König, fort!
Gib der Milde dein
Königliches Wort,
Ihr, ein Held zu seyn!

Wartend steht sie dort,
Wartens ungewohnt!
Schon' ihr ihre Pein!

Wer am höchsten thront
Schlägt am ersten ein!

Ihr ein Held zu seyn,
König, das verlohnt
Sich der Mühe wohl!

Alexander soll,
Ihr, ein grosser Held!
Ueberwunden haben,
Mit Geschenk, und Gaben,
Fast die ganze Welt!

19.
An die Natur.
Erster Th. S. 112.

Ey! wie sie die Saiten schlagen!
Welch ein Singen! die Natur!
Möcht' ich höhnisch lachend fragen,
Aber im Vertrauen nur:

Ob man diese schweigen hieſſe?
Wie so dumpf! o wie so dumpf!
O der, sie so ruhig lieſſe,
Wie die Fröſch' in ihrem Sumpf;

Welchen also wohl behaget,
Ihr gequäckig Liedelein,
Daß die Nachtigall verzaget,
Und verstummt, in ihrem Hayn!

20.
Ueber die damaligen Kunstrichter.
Erster Th. S. 137.

Wer kan itzt zu Danke singen?
    Der verlangt es so, und so!
Der will's traurig, der will's froh.
Wer kan das zusammen bringen?

In den Grund von allen Dingen
Dringen unsre Weisen, dringen
Tiefer, als sie solten,
Und versinnen sich,
Und verwirren mich,
Wüst' ich, was sie wolten,
Alles das säng' ich!

21.
Vorsatz, nicht mehr zu singen.
Erster Th. S. 137.

Seit ich Niemand seh nach Freude ringen,
    Seit man lachend Böses thut,
Ach, was soll ich weiter singen,
Was da schön ist, und was gut?

Unter Buben, Dunsen, oder Thoren,
Sitz' ich, hier im Winkel, still;
Alle Lust hab' ich verloren,
Singen mag, wer singen will!

22.
An die kleinen Singe-Vögel.
Erster Th. S. 137.

O ihr Vöglein, o ihr Kleinen!
　Euer lieblicher Gesang,
Der verschallt ja ganz den meinen;
Alle Welt, die sagt euch Dank.

Alle Welt ist hergekommen,
Ihn zu hören, denn er hat
Alle Herzen eingenommen,
Selbst die Herzen aus der Stadt!

Seiner Macht muß ich mich schämen;
Aber, Vögelchen, mit Gunst,
Alle Herzen einzunehmen,
Das ist eine schwere Kunst!

Hier

Hier, in meiner Felsenhöle,
Weit von Stadt = Gelärm, sitz' ich,
Oefn' euch meine ganze Seele;
Lehrt, ihr Vögelchen, sie mich!

23.
Der süsse Traum.
Erster Th. S. 137.

Ich saß, in einem süssen Traume,
Bey meiner Sunnemann, und las!
Von einem schönem grossem Baume
Fiel Blüt' auf uns, und dann ins Gras;

Für grossen Freuden mußt' ich lachen;
Wir lobten unsern schönen Baum,
Und lasen fort — ich mußt' erwachen,
O weh! o weh! der süsse Traum!

24.
Ursach, warum er das Basson nicht mehr bläst.
Erster Th. S. 117.

Ich blies, für einen schönen Gruß,
Den Mädchen meinen Baß sonst gern;
Nun aber dieses Lohns ich lang' entbehren muß,
Nun mach' ich's wie die grossen Herrn;
Ich lasse Lung', ich lasse Backen,
In guter Ruh,
Und kehre meinen stolzen Nacken,
Statt meiner blöden Wangen, trotzig ihnen zu!

Mein Nacke spricht: Mir ist um euch,
Wie euch um mich! Ich weiß zu schweigen.
Denn würden eure Herzen weich,
Ihr Mädchen müßtet wohl zu einem Gruß euch
neigen!

---

25. An

25.
An die Schönen.
Erster Th. S. 116.

Wenn die Frühlings=Sonnenblicke brennen,
    Und die Blumen aus dem Grase dringen,
Und die kleinen Singe=Vögel singen,
Auf das beste, wie sie können;
Wenn zu Freuden alle Welt erwacht,
Und an jedem Morgen euch,
Alles singt, und alles lacht,
Alles ist, ein Himmelreich;

Und von euch, ihr Schönen, keine
Hin mich winkt, in ihren Hayn,
Wenn ich dann, so ganz allein,
Auf dem Anger sitz', und weine,
Kan's denn, kan's denn anders seyn?

26.
Das schöne Weib.
Erster Th. S. 116.

Den May, so schön, so prächtig, wie itzunder,
Sah ich, in meinem Leben nicht,
Er bringt uns alle seine Wunder
Der Schönheit, vor's Gesicht!
Und doch, was ist so schön,
Als unsrer Winli schlanker Leib?
Wir lassen alle Blumen stehn,
Und gaffen an, das schöne Weib!

27.

An Herrn Stock,
den damaligen päbstlichen Legaten
in Deutschland.

Erster Th. S. 119.

———

Herr Stock, euch hat der Vater Pabst gesandt,
 Ihn reich, uns aber arm zu machen,
Ihr tragt ihm unser Gold in seine leere Hand,
O wie so höhnisch mag er im Conclave lachen!

So gar verworren stehts im deutschen Reich, ich muß
Es wieder nur zu rechte bringen,
Spricht er, und neigt, und wir, verehren seinen
 Gruß,
Und unser Silber fliegt, im Lateran zu klingen.

Zum heilgen Grab', in Gottes Land,
Kommt unser Gold wohl nicht, es geht durch Pfaf-
 fen Hand;
Zu grossen Schanden hergesandt,
In unser deutsches Vaterland,

Seyd ihr Herr Stock? Auf unsern Pfarren
Kramt ihr umher, und sucht auf heiligen Befehl,
Bey deutschen Leuten, habt's Herr Stock ja keinen
 Hehl!
Und findet, deutsche Narren!

28.
An den Kayser.
Im Namen einer armen Wayse.
Erster Th. S. 128.

———

Mir ist versperrt Fortunens Thor,
   Ich arme Wayse steh davor,
Und seufze, flehe, klopfe!
Zwar regnet's Gold, allein, allein,
Kan wohl ein Wunder grösser seyn?
Auf mich fällt nicht ein Tropfe!

Der milde Fürst von Oesterreich
Erfreut, dem süssen Regen gleich,
Die Länder, und die Leute,
Von seinem gnädigen Gesicht
Kam Niemand ungetröstet nicht,
Zu dem geh ich noch heute.

O! w

O! welch ein schöner grüner Hayn,
Voll Gras und Blumen, wo hinein
Man recht mit Freuden gehet;
Von allen Bäumen, die er hat,
Mit seiner Kayserhand ein Blat
Für mich gebrochen, sehet!

Das öffnet mir Fortunens Thor,
Mir armen Waysen, und das Ohr
Des Harten, der nicht höret!
Ich gehe, tragend schweren Schmerz,
Entlastet aber ist mein Herz,
Wenn es zurücke kehret!

29.
Vorsatz eines Kranken im May.
Erster Th. S. 137.

Wenn ichs noch erlebe, daß ich Rosen,
Auf der lieblichen Albertus Höhe,
Mit der schönen Anna Winli lesen gehe,
Dann will ich mich so mit ihr erkosen,
Will mit einem Kusse so sie küssen,
Daß wir Freunde werden müssen!

30. Eine

30.
Eine Frage.
Erster Th. S. 137.

Meine Treue soll ich so entgelten!
Alle Männer soll ich warnen? und vor Ihr?
O, sie hätte lieber noch ein Schelten
Als ein Loben, glaubt es mir!
Sie, zu der ich manchen kleinen Haß,
Mitten unter Liebes-Schmeicheleyn,
Trag' in diesem meinem Herzen — Ey!
Warum thut sie das?

31.
An die deutsche Muse.
Erster Th. S. 112.

Derer, die das Harfenspiel
    Deutscher Barden gerne hören,
Gibt's so wenig, und so viel
Derer, die's so gerne stören.

Und die Richter lassen sich
Zu dem Richter Amte dingen;
Deutsche Muse, lehre mich,
Wär's wohl rathsam, noch zu singen?